I0815281

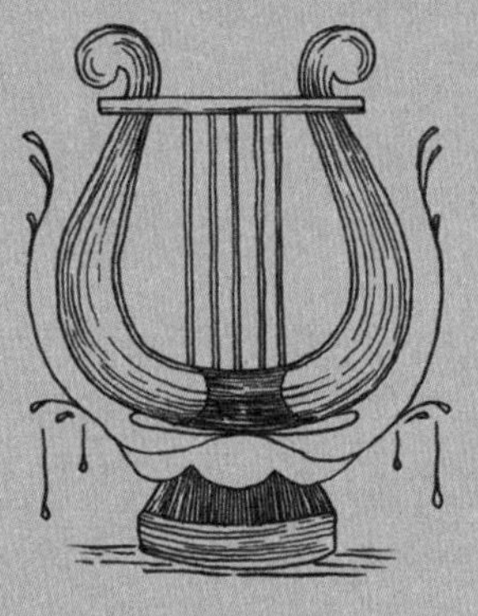

Donde viven las musas

Donde viven las musas

un poemario de

Marianela Dos Santos

con ilustraciones de

Valeria Dos Santos

Papel certificado por el Forest Stewardship Council®

Primera edición: junio de 2024
Octava reimpresión: septiembre de 2025

Printed in Spain – Impreso en España

ISBN: 978-84-666-7886-5
Depósito legal: B-7.050-2024

Compuesto en M. I. Maquetación, S. L.

Impreso en Rotoprint by Domingo, S. L.
Castellar del Vallès (Barcelona)

BS 7 8 8 6 5

Para todos aquellos
que dejan de apreciar
la luz del presente
por miedo al futuro

Dadle, musas, en copas de licores selectos
el licor del olvido; arropadlo con sedas;
cantadle dulcemente como cuando era niño,
y besadle los ojos... era un pobre poeta...

ALFONSINA STORNI

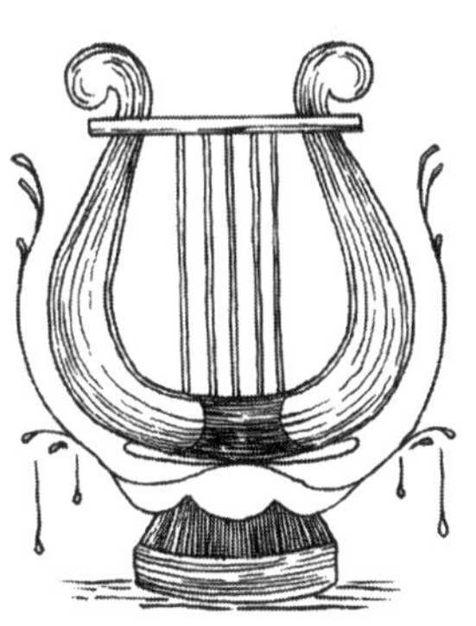

ANTES DE LEER

Algunos de los textos e ilustraciones que encontrarás en este poemario están basados en versiones popularizadas de la mitología grecorromana, que podrán diferir de las historias originales ya que fueron adaptados a la cultura contemporánea y están sujetos a libre interpretación. Este libro busca capturar la esencia y la belleza de estos mitos, pero no pretende reemplazar ni desacreditar las obras originales del mundo antiguo.

EL CAOS Y LA INSPIRACIÓN

rompo el silencio con mis manos
escucho a mi corazón latir ferviente
una gota de sudor cae por mi frente
al ritmo de las voces que he escuchado

las palabras en mi boca tienen nombre
las ideas ya no duermen en mi mente
se han dejado llevar por lo que sienten
y el dolor en el papel se ha d
e
r
r
a
m
a
d
o

AL PRINCIPIO NO HABÍA NADA...

en el papel en blanco. Fue entonces cuando las musas vinieron a buscarme.

Las musas, según la mitología griega, eran hijas de Zeus y Mnemósine, la diosa de la memoria. El poeta griego Hesíodo transmitió en sus textos que eran nueve quienes bajaban a la tierra a susurrar ideas e inspirar a aquellos mortales que las invocaran. Contó que mientras pastoreaba su rebaño, se le figuraron las musas y le enseñaron el canto que reconforta a las almas perdidas y calma las inquietudes del corazón.

Cuando me senté a escribir los primeros poemas de este libro, no sé si fueron las mismas musas quienes se manifestaron a través de sus susurros. Sí puedo decir que algo despertó en mí una intensa curiosidad sobre las historias de los dioses, los sentimientos aún vigentes relatados en los mitos griegos, así como su relación con mis propias experiencias.

Una de aquellas noches de inspiración llegué a la conclusión de que debía de existir un motivo para que compartieran conmigo su refugio. No podía ser un simple capricho del destino que me confiaran el secreto de sus apariciones, ni de las formas que les gusta adoptar para iluminar a la humanidad, ni mucho menos que me permitieran desterrar tantas ideas al olvido. Durante años me habían enseñado a extraer mis pensamientos del desorden de mi cabeza y a traerlos a un plano físico para entenderlos de forma consciente, y de este modo, ayudarme a sanar a través de la poesía.

Pero el motivo oculto resultó una tarea desafiante y al mismo tiempo gratificante: hoy que al fin tengo el placer de conocerte, debo asegurarme de que entiendas que las musas habitan en cualquier lugar y en cualquier momento, al mismo tiempo y de maneras distintas, hoy es un algo, pero mañana puede ser un alguien... una vez que aprendes a reconocer sus murmullos.

Encuentras belleza en el caos.

Y te atreves a transformar tu dolor en arte.

Mis Nueve Musas

el tiempo
el cielo
el mar
la oscuridad
la guerra
el fuego
la tierra
el amor
la poesía

GUÍA PARA ENCONTR(ARTE)

ESTA ES LA PARTE
EN LA QUE RECUERDAS
QUE TODO SE ACABA

primera musa:
EL TIEMPO

«¿Por qué no puedo ver tu rostro a la luz del día?», preguntó la princesa Psique al misterioso ser que la visitaba todas las noches. «Puedo sentir tu cuerpo, escuchar tu voz, pero quisiera ver a los ojos al amor que me has regalado. No te imaginas cómo me invade la tristeza en este palacio tan grande y tan vacío cuando no estás». Para evitar la ira de su madre, Afrodita, que estaba celosa de la belleza de Psique, el dios del amor le prohibía a la princesa intentar descubrir su identidad.

cuando el tiempo juntos no es suficiente

durábamos lo que la luna consentía
y yo consentía ese trago de felicidad
que dejaba un mal sabor en mi garganta
con las exigencias que para ti tenía
haciendo su camino hasta tu oído
confundido ante la voz que ya no canta

apenas presiento tus pasos lejos
se abre un hueco que me espanta
en el espacio que llenabas con tu risa
en mi pecho, ya no ríe porque faltas;
es la eternidad que yo comprendo
la de pensarte, cuidarte como recuerdo
y de las horas que vuelan sin tu brisa
arropándome con una tristeza santa

los minutos que paso en tu compañía
son los que anhelo eternos en mi vida
pero tu ausencia me devuelve la mirada
y lo poco es insuficiente en esta cama
que guarda tu olor en mi vacío

¿por qué te parece inconcebible
querer que mi mundo te conozca
compartir uno o dos tragos de alegría
en la luz que tus alas persiguen
cuando me dejas abandonada?

¿por qué debo quedarme acurrucada
añorando lo imposible en lo posible
culpando a mi tragedia del deseo
porque tu atención hoy no me basta?

es mi castigo de felicidad inalcanzable
porque aún cuando te tengo a mí pegado
pienso en cuando me hagas falta

—Psique a Eros

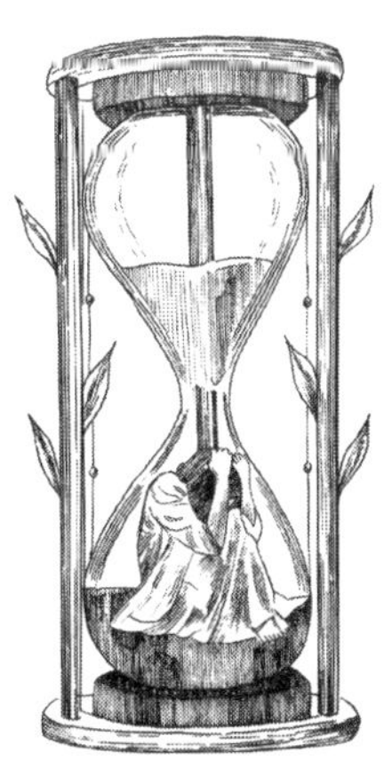

TODO LO QUE QUERÍA
ERA QUE EL TIEMPO
DEJARA DE VOLAR

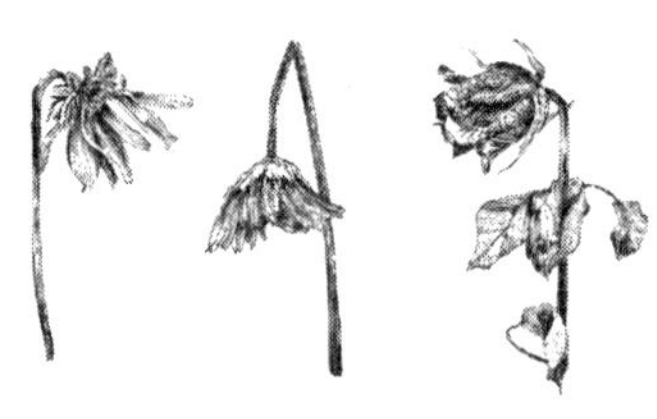

¿HAY ALGO
MÁS DIFÍCIL
QUE ESPERAR?

cuando te abruma la vida adulta

¿quién le dirá a la niña la verdad?
¿quién soplará la vela del castigo?
si el castigo silencioso destruirá
la ilusión de princesas y castillos

¿quién soplará la burbuja hasta llegar
a un mundo sin lágrimas ni hijos
que sufran por no saber llorar
por no querer vivir si no es contigo?

alguna vez fue niño el deseo de soñar
de saltar las horas, de perder el hilo
de afrontar la única realidad:

solo naces
solo te vas

lo del medio
es miedo perdido

cuando tu relación duró muy poco

no escatimo en mis deseos:
por ti destruiría todos los relojes
con el fin de adelantar el tiempo

pestañear, abrir los ojos y tenerte
tenerte, abrir los ojos, verte de nuevo

¿por qué el apuro de este encuentro?
yo te extraño, te quiero y no escatimo;
por ti cedería mi último aliento
a aquella realidad en la que fuimos

estoy ansiosa de tus manos
de tu sonrisa, de tu cabello,
en la expectativa de pertenecernos
y de permanecer en mí
en aquel instante fino e intocable
que nos unió por un momento

no escatimo en mis deseos:
por ti destruiría todos los relojes
con el fin de detener el tiempo

pestañear, abrir los ojos y tenerte
pestañear, y nunca soltarte de nuevo

—Afrodita a Adonis

«Volvería a rebelarme ante todos los dioses», juró Afrodita, quien ya había ignorado las reglas de Zeus para estar con Adonis. «Volvería a buscarte, volvería a entregarme a ti, convertiría tu sangre mortal en eterna». La diosa de la belleza se despidió de su amado acariciando por última vez su piel fría. Hay quien asegura que Afrodita absorbió la muerte del cuerpo de Adonis para estar junto a él en la inmortalidad.

cuando te quedas
atascado en el pasado

no sé
cómo seguir

descubrir quién soy
es un camino
que no acaba
con la constante
sensación punzante
de que sí, si acaba
el tiempo que me queda
antes de ser juzgada
por no llegar a tiempo
para ser quien debo
en esta encrucijada
de descubrir versiones
de mi mente dormida
que no conocía
al verse maquillada
de lo que todos quieren
de lo que mi alma canta
para ser aplaudida

o, al menos,
recordada

—la encrucijada de Hécate

¿QUÉ PASA
SI CIERRO LOS OJOS
Y SE ME PASA LA VIDA?

cuando las amistades se distancian

¿cuántos segundos hacen falta
para recuperar lo que perdimos?

aquellos momentos que se llevó el viento
antes de poder empezar a vivirlos
por el inconveniente de seguir creciendo
y quizá dejar de ser los mismos
que se escondían de la flor del tiempo
cuando hacía calor por las tardes

nos conformamos con el destino
aceptamos que a todos les llega la distancia
—tal vez no le dimos demasiada importancia
a cada minuto que habíamos compartido—

así nuestra flor se fue marchitando
abandonada al libre albedrío
hasta morir temblando de frío
cuando dejamos de vernos por las tardes

nos convertimos en viejos conocidos
que descubrieron el valor de los segundos
solo porque hoy sienten su falta

—Aquiles a Patroclo

«Hoy vuelvo a ser tu amigo», juró Aquiles, invadido por la ira y el dolor cuando se enteró de la muerte de Patroclo. «Hoy vuelvo a sostener tu corazón cuando todo mi cuerpo duele. Mi talón es mi debilidad como lo es tu ausencia repentina, ahora que todo carece de sentido, ahora que no estás». Fue así como Aquiles le prometió a Patroclo que no lo enterraría hasta que hubiera vengado su muerte, y nunca dejó de llorarlo hasta que él también fue asesinado.

cuando te sientes cansado de la rutina

tiempo cruel e imponente,
sigues clavando agujas en mi cuello
otra vez te alejas, te vas, te pierdo
¿por qué nunca eres suficiente?

estoy hecha de sangre, de huesos y de ti
una lágrima que guardo, otra que dejo ir
como un roce que pasa a ser recuerdo
como si pudiera repetirte, te viví

tiempo cruel e imponente,
fue el silencio dormido en mis labios
un veneno que me acompañó por años
cada vez que te gasté, me arrepentí

tiempo cruel e imponente,
si caduco antes de que te detengas
le contarás a todos que tú nunca esperas
y yo siempre quise ahorrarte, ganarte,
aprovecharte, perseguirte, detenerte,

pero nunca
logré escapar de ti

—el poder de Chronos

«Debo admitir que no suelo ser despiadado por elección propia», opinó Chronos, conocido por su brutalidad y fuerza destructiva. «Es la naturaleza del tiempo que viene a devorarte y tu naturaleza de no sacarle provecho».

cuando no ves la hora
de volverle a ver

¿dónde estará el lugar
en el que seguimos juntos?

me envuelve tu voz
—solo que no es tu voz—
es un recuerdo gris
de esos que se quedan
en los lugares que dejamos

¿dónde estará el camino
que me llevará a tus brazos?
cuando sigo aquí
aún siento tu abrazo
pero avanza la noche
y me pinta de gris
el cielo congelado

siempre tan puntual
—muy pronto, o muy tarde—
en el momento justo
no fuiste el indicado

pero supimos coincidir
y mi gris corazón,
mecido por el viento,
anhela reencontrarnos

—Ariadna a Teseo

«Te quise desde el primer momento en que te vi», musitó Ariadna al despertar, cuando palpó el lecho a su lado y no encontró a Teseo en la playa. «Te sigo queriendo aunque ni siquiera te hayas despedido de mí…». Se dejó caer en la arena, sumida en llanto por su corazón roto, hasta que sintió una suave brisa enviada por las musas susurrando que le aguardaba un futuro y un destino especial en el que conocería al verdadero amor de su vida.

cuando sientes que no te alcanza el tiempo

«siempre» es una cárcel
para aquel que sabe
que los momentos felices
maduran en dolores
cuando se les da tiempo

por ello no te miento:
todo lo que toco
lo transformo en oro
y mañana admiro
lo que hoy valoro
cuando aprecio el tiempo
que me es limitado

vuelvo intencional
la realidad que habito
la fugacidad del ahora
me fuerza a estimarlo
me vuelvo impaciente
si la prisión del «nunca»
se convierte en consuelo

—la maldición del Rey Midas

¿CÓMO SÉ
SI YA ES TARDE?

cuando alguien te dice que has cambiado

¿cómo le dices a alguien
que harías lo que fuera
por sentirle más cerca?

¿cómo le explico el vacío
que me dejó su ausencia?
si todo lo que hago
sé que lo hago por ella

¿cómo le dices a alguien
que no llore, no tema?
cuando yo lloro y me temo
que siento que nada me llena

en este cuerpo que habito
esta voz que no me suena
viene a cantarle a mi niña
la niña interior que me espera

la miro
la miro
no entiende qué ha pasado
¿por qué tanto ha cambiado?
se pregunta si vale la pena

¿cómo le pides a alguien
que no crezca en vano?
que si vuelve a buscarme
por favor, nunca muera

ME SIGUE
ATERRANDO
ESO DE CRECER

ESTA ES LA PARTE
EN LA QUE SE NUBLAN
TUS OJOS

segunda musa:
EL CIELO

cuando te enamoras a primera vista

el amor me visitó como un rayo
me atormentó hasta los huesos
dejó grabado tu rostro desconocido
en la parte de atrás de mi memoria
con inmensas ganas de conocer tu historia
de llevarme una parte tuya conmigo
de pensarte, lejos, calma, cautelosa
anhelando un reencuentro anticipado
si es que rima tu nombre con el mío

hice contacto visual con tu diluvio
imaginé mi corazón roto por tu culpa
me preparé para soltar otra disculpa
por habernos conocido de esta forma

una vergüenza que a mi cuerpo aprisiona
pero nunca —nunca— arrepentidos
de haber coincidido en este mundo
si compartimos la gloria escalofriante
de un buen amor desconocido

—Andrómeda a Perseo

«Mi corazón te conoció cuando viniste a rescatarme y nunca más soltó tu latido», reconoció Andrómeda a Perseo, su único amor. El héroe cayó perdidamente enamorado de ella desde el momento en que sus ojos se encontraron. Fue cuando la vio encadenada a una roca, lo que lo llevó a utilizar la cabeza de Medusa para convertir en piedra al monstruo y poder liberar a su amada sin recurrir a la lucha.

cuando te preocupas por situaciones que no han sucedido

se me nubla la mente:
escampa y arrecia en mi frente
por convertirme en lo que temo

cierro los ojos y pienso
si podré cambiar de repente
el rumbo de mis pensamientos

no quiero seguir esta ruta
ni ver los rostros que mienten
cuando suelto lo que siento

se me nubla la mente
con realidades inexistentes
que pronostiqué sin quererlo

—porque nada llegó a suceder—

QUERIDA ANSIEDAD:
SOBREVIVÍ A TU DILUVIO

cuando quieres algo más que una amistad

tú tienes alas
yo tengo alas
¿por qué entonces
no puedo volar contigo?
todo es muy triste
en esta jaula
muy seco, muy solo,
me siento atrapada
en un deseo prohibido
de no dañar tu vuelo
de quererte lejos
para tenerte conmigo
un dolor que avanza
y se queda en el sitio
en el que nacen mis alas
muriendo por ser sombra
de un buen amor temido
que aprenderá a volar
con otras personas
que no se parecen a ti

—Afrodita a Nerites

«Por mucho que disfrute de tu compañía, por mucho que las alas que me ofreces sean una prenda majestial... mi lugar está en el mar, debo quedarme con mi familia», expresó Nerites al rechazar la invitación de Afrodita a acompañarla al Olimpo. La diosa, herida en su orgullo, lo castigó y le dio las alas a su hijo Eros.

cuando tus pensamientos no te dejan dormir

la llovizna en mi cabeza
es amante del insomnio

viene a seducirlo
con gotas saladas
en su traje de noche
para que no duerma solo

una corona de nubes
una gota cayendo
pensamiento intrusivo
de evitar dormir
para no tener que despertar

¿para qué soñar?
cae otra gota en mi pecho
sigue lloviendo aquí dentro

¿CÓMO DETENGO
LAS TORMENTAS
DE LAS QUE NO HABLO?

cuando no pueden estar juntos

tú sabes que no es así
que no es que esquive golpes por miedo
que no me aterra decirte «te quiero»
más de lo que me gustaría admitir

lo que no es necesario no sucede
y cuán necesario te volviste en este cielo
para infundirme uno que otro miedo
de irte de viaje con las nubes

y yo sé, sé que nunca te tuve
no se puede perder lo que no es nuestro
no puede oscurecerse el mundo, no por esto
por el enorme esfuerzo que me conlleva admitir

que encontrar un casi-amor fue mi sentencia
castigada con cerrada indiferencia
de un alma a la que abiertamente quiero

en fin...
tú sabes que no es así

—Tisbe a Píramo

«Mañana, cuando reine el silencio, cuando las estrellas guarden el secreto de nuestro amor prohibido, nos encontraremos al lado de la fuente», propuso Tisbe a su vecino, luego de haber descubierto una grieta en el muro que separaba sus casas. «Después de tanto tiempo queriéndonos desde la distancia, me parece un sueño que nuestras manos finalmente se encuentren». Y así, como otra tragedia, permaneció siendo sueño.

cuando dudas de ti mismo

si te inquieta lo que viene
no espera el mundo tu deseo;
tu libertad ayer fue anhelo
hoy sal y caza lo que quieres

en tus flechas muere el miedo
huyen, renuentes, los cobardes;
no caigas domada por nadie
vigila tu luna en el cielo

no extrañes al sol por viajero
su fragilidad no se esconde;
baila, respira, en tu bosque...
¡corre, caza tus sueños!

si cada noche te espero
persigue el mundo tu vida
que su mensaje no olvida:
tú puedes
—incluso cuando dudas—

—Apolo a Artemisa

«Hermano, es un alivio que me comprendas», la diosa de la caza era íntima de su mellizo Apolo, a quien incluso había ayudado a traer al mundo justo después de ella. «No todos entienden que disfruto de mi libertad, a veces malinterpretada como soledad. Tengo a mis cazadoras, cuento con la luna como testigo, así como tú tienes a tu sol. Nunca estuve mejor que con mi arco y mi flecha, esta misión que me deja satisfecha, esta vida que por fin se siente mía».

cuando descubres que te están engañando

armaste una casa conmigo
con ventanas de arena
y puertas de indicios
de que esto no iba a durar;
un aliento apagó nuestro brillo
hizo volar las promesas
hizo quebrar los pilares
que me mantenían en pie
hasta que comencé a dudar
que el dueño de tu cariño
no serían mis mejillas
que tanto dolían contigo
riendo en la ignorancia
que mató mi tolerancia
al verte con ella
como soñabas conmigo
construir un castillo
eterno en nuestro instante
que no supo durar
lo que se supone que dure
el amor de mi vida

—Hera a Zeus

«Si donde hay celos hay amor, ¿qué hago con todo este dolor?», suspiró Hera, cansada de las continuas infidelidades de Zeus que, siendo la diosa del matrimonio, le causaban gran humillación. Para evitar los celos de su esposa y engañar a sus amantes, el dios solía descender del Olimpo en forma de otras criaturas como el cisne.

cuando te decepcionan tus expectativas

no le respondo al enfado
ni a la tristeza
sino a la decepción

que escupiste al cielo
y te cayó en los ojos
que hoy ven un cambio
—el que yo asumo
si nada más cambia—

en el valle del cansancio
que se ha vuelto mi hogar
desde que me fallaste

o falló la versión de ti
que había creado
bajo mis pestañas

QUIZÁ SOLO EXTRAÑO
LA IDEA DE NOSOTROS

cuando necesitas un recordatorio de lo fuerte que eres

ella quiere vivir
no sobre-vivir
ni sobre-llevar
el peso del cielo
bajo sus hombros

ella sigue riendo
cuando el dolor la ata
a una rutina de espadas
que caen por su rostro

ella sigue aguantando
aunque no vean su lucha
sigue sosteniendo
lo que sobre-siente
cuando se permite
pensar en sí misma

COMO ATLAS,
CARGO EL PESO
DE TODAS LAS VIDAS
QUE NO ESTOY VIVIENDO

ME RECORRE EL ODIO
DE NO PODER
ABARCARLO TODO

cuando superas tu peor momento

voló hacia ti
una mariposa
y la acogiste
en tus mejillas
rojas del dolor
que escondiste

voló hacia ti
una mariposa
vieja viajera
cuyo perfume
pintó truenos
en tu espalda

y surgieron alas
en el cuerpo triste
que te cobijaba

para salir del bosque
que ayer espantaba
tus tristes tormentos

ESTA ES LA PARTE
EN LA QUE DEJAS
DE HUNDIRTE

tercera musa:

EL MAR

cuando los amores se distancian

el naufragio de tus labios
cuando se hundieron en la distancia
hizo desaparecer tu estancia
o la ilusión de tus manos

un cosquilleo que aún siento
cuando la marea me acaricia
víctima de la vieja avaricia
de un barco libre en el viento

así es el dolor que persigue
a los corazones desolados
cuando ya no navega a su lado

pero
    aun así,
        la vida sigue

—Apolo a Jacinto

«¿Qué pude haber hecho para merecer a Jacinto?», preguntó Apolo entre sollozos. «¿Qué pude haber hecho para merecer la brevedad de su compañía, el amor que me permanece, el dolor de su partida, la eterna flor que mis lágrimas pintaron de púrpura? Cada vez que mis ojos acaricien un jacinto, pensaré en el gran amor que nos tuvimos». Fue así como Apolo impidió que el dios de la muerte reclamara el alma de su amado, y de la sangre derramada hizo brotar una flor con su nombre.

cuando encuentras lo que buscabas en una persona

ya lo entendí:
tú eres el mar
yo soy la orilla
la vida nos junta
juega a las escondidas
cuando te alejas
permanece tu espuma
en mis granos de arena
tiembla mi tierra
cuando no te siento

bendita marea,
¿por qué no te quedas
en mí eternamente?

prometo entenderte
con tu espíritu libre
que rompe en las piedras
una furia divina
que vuelve a ser mía
cuando acaricias
la orilla en mis caderas
y el mar en mi vientre
arremete tu vuelta

SOLO QUERÍA QUE SUPIERAS
QUE ESTÁS ANCLADO
A MI ALMA

cuando necesitas tomarte un descanso

¿quién no anhela la calma?
¿es habitante del mundo?
¿no es la paz, por un segundo,
tu mayor deseo del alma?

¿por qué pides la nada,
dueño del mar más profundo,
si en tus sueños te inundo
y lejos de mí siempre nadas?

ya no quieres ser fuerte:
nace de tu furia un tsunami
una secuela inminente
del dolor y el cansancio
al no saberte apreciado
por tu propia gente

¿quién no anhela la calma?
¿es habitante del mundo?
no quiera la vida lanzarlo
contra su propia corriente

—Anfítrite a Poseidón

«¿Algún día dejarás de verlo todo como un sacrificio?», cuestionó la nereida Anfítrite a su esposo, el dios de los mares. «¿No lo ves? La profundidad del océano te responde, tu poder incomparable, tus criaturas obedientes. Creíste que nunca me uniría a ti, pero cada maremoto que sacude mi alma recita a gritos que te quiere. ¿Alguna vez será suficiente?».

cuando estás esperando a tu alma gemela

hay algo divino en ella
besada por relámpagos
la tierra tiembla a su paso
y el amor por ella no espera

ella es hermosa, una flor eterna
que ayer nació de la espuma
por más que le temas, no huyas
si quieres justificar tu existencia

dime que su voz no es tu musa
que no es sobre ella que escribes
que no es su pasión la que inhibe
cuando estás solo, la escuchas

no consigues rezar sin temblar
te recorre un escalofrío anticipado
porque sigues creyendo que algo
logrará incitarla a pecar

hay algo divino en ella
belleza dulce y sobrenatural
quizá solo era de esperar
que por su intensidad murieras
y aún así lo volviste a intentar

—la belleza de Afrodita

«Ya es hora de que entiendas»,
advirtió Afrodita una noche.
«Te conviene que me creas:
cuando es amor, no duele».

cuando te da miedo dejar tu casa

poner los pies en la arena
tiene un nuevo significado
cuando mi cabello huele a sal
y recuerdo de dónde vengo
o cuánto tiempo esperé
llegar a la orilla que hoy piso

no me da miedo quedarme:
me da miedo
ser un pez abandonado
que abandonará
a sus orígenes
bañado en falta de lealtad

cuando al desnudarse
solo es miedo
lo que le impide
nadar otros mares

—la isla de Circe

ES IMPOSIBLE VOLVER
AL MISMO HOGAR
QUE DEJAMOS

cuando idealizas a una persona

las náyades me trajeron tus secretos
los soltaron en la orilla que guardaba
el silencio que tu alma carcomía
tras meses de derramar intentos

ahí fue cuando supe que dolías
tu sufrimiento sin voz era translúcido:
eran los complejos que te hundían
atados a tus tobillos como piedras

por más que luchabas por flotar
no entendías la belleza que yo veía
te ahogabas por reflejos de mentiras
en cascadas de falsas impresiones

así que aprendí entre otras lecciones
que llorar también requiere valentía
no pude salvarte de tus viejas manías
por defectos que nacen fuera de tus ojos

pero que son inexistentes a los míos

—Hércules a Hilas

«¡Hilas! ¿Dónde te escondes?», gritó Hércules, buscando a su amante en la isla después de haberse alejado siguiendo las voces de las náyades. «Vuelve, mi amor, que las ninfas no te engañen, tu lugar es conmigo y no pienso marcharme hasta encontrarte». Hércules buscó a Hilas incansablemente, pero el tiempo pasó y nunca le volvió a ver. Al final, solo pudo aferrarse a su recuerdo.

cuando extrañas el país en el que creciste

el mar brota de mis pestañas cerradas
cuando se escapa un recuerdo del cofre del alma
que se olvidó de tesoros en tierras ajenas

vas a nadar muy profundo en mi mente
vas a descubrir cuánto extraño a mi gente
bailando al son de las aguas más serenas

vas a secar mi tristeza, confundir la alegría
un pie en la nostalgia y otro en la vía
que lleva a las playas donde cantan las sirenas

es mi corazón el que grita «te extraño»
es el tiempo que corre culpando a los años
de este espacio vacío cubierto de arena

EL FARO DE MI NOSTALGIA
SIEMPRE ILUMINA
EL MISMO PUERTO

cuando no quieres preocupar a los demás

hoy vengo a llorar
a regar las flores de mi casa
cuando es escasa
la fortaleza de verte
y no calmar tus dolores;
hoy vengo a llorar
a bañarme en el río
en el que me ahogaba
para lograr verte
sonreír nuevamente
cuando se calmen las aguas

hoy vengo a soltar
todo lo que me hiere
antes de que estalle
si suena en las calles
mi llanto de niña
que nada lo sabe;
es mejor que le brote
y nazcan flores de ella
es mejor que le duela
y la sal le sane

hoy vengo a llorar:
es mejor que llore
a que guarde dolor
para más tarde

«Zeus, abuelo, te lo suplico», imploró Níobe. «Si tal dolor viene a sacudir mi mundo, si veo a mis hijos partir y yo me quedo, convierte mi cuerpo en piedra. Puedo quedarme inmóvil, quieta, deshecha en tristeza, pero llévame lejos de esta agonía». Un remolino la llevó hasta el monte Sípilo, en donde una roca de mármol con forma de mujer continúa derramando lágrimas eternas.

cuando piensas que el amor es imposible

el Oráculo de Delfos
me muestra el futuro:
una vida de azares
y de carencias emocionales
que destruyeron mi suerte

—qué fortuna sería
visualizarte y tenerte—
por beber de cualquier agua
cuando muero de sed

cuando lo que deseo
es tu fuente incansable
de historias compartidas
y no las huecas palabras
con las que me recibías

víctimas de las olas
que la han arrastrado
lejos de un futuro posible

—Apolo a Dafne

«A mí, dios de la poesía, me dejaste sin uso del lenguaje», confesó Apolo a su amor no correspondido, la ninfa Dafne, tras haberla perseguido día tras día flechado por Eros. «Preferiste convertir tu piel en corteza de árbol, tu cabello en hojas y tus brazos en ramas, antes que estar conmigo. No dejaste nada que no amara... ahora te llevaré conmigo para siempre». Ella, cansada de huir, le había pedido a su padre que la ayudara y fue convertida en laurel. Desde entonces, ha acompañado al dios hasta convertirse en su símbolo.

cuando vuelves a sentirte triste después de un tiempo

aprendí el lenguaje de las olas
reflejado en mi propia tristeza;
aquel dolor que desaparecía y volvía
si le apetecía inundar mi cabeza

recuerdos en oleadas me golpean
abrazada a mis rodillas, río
ante la ironía de aquel frío
que hizo llorar mi primavera

todo es tan simple y no lo entiendo
soy feliz porque supe lo que era
estar triste, por saber lo que siento
soltando lo que de mí sería

marea, te tengo donde quiero
no me encontrarás desprevenida
bañada en la sal esencial de mi vida
para valorar nuestro corto tiempo

AL FINAL,
TODOS DEJAMOS
DE INTENTAR HUIR

ESTA ES LA PARTE
EN LA QUE CAVAS LA TUMBA
DE TUS MIEDOS

cuarta musa:
LA OSCURIDAD

cuando te enamoras de la persona menos esperada

me robaste algo que no sabía que tenía:
una libertad libre de compañías
y un amor que me tenía sin cuidado

y fue por romantizar lo que querías
que se prolongó aquí mi estadía
hasta terminar cayendo por tus actos

víctima de una insólita empatía
no creería en tu falsa arrogancia
sabiendo que solo yo te conocía
y llegaría a extrañarte en la distancia

—Perséfone a Hades

«En tu mundo descubrí mi honestidad», confesó Perséfone al dios que la había secuestrado, ya que tras un tiempo viviendo junto a él en el Inframundo, había comenzado a ganarse su confianza. «Ahora me encuentro incapaz de mentir y de negar mis sentimientos, no cantes victoria por minimizar mi sufrimiento, solo aprendí a ser reina de la primavera y reina de nuestra oscuridad».

cuando te alejas de un ser querido

¿adónde habré de ir sin la luz
que reflejaban tus pupilas?

si el último farol se ha apagado
si el último brillo no he guardado
si tus pasos dejaron de ser guía
y tu sombra no camina a mi lado

un miedo que nace y crece
en mi soledad temida
por despreciar la compañía
que la oscuridad me ha regalado

en estas calles infinitas,
desiertas, tristes,
yo aquí me encojo deprimida
sin saber adónde ir sin tus manos

UNA LUZ
QUE SOLO EXISTE
CUANDO ESTOY CONTIGO

cuando desaparece
cuando más le necesitas

¿puedes creerlo?
me sentenciaste a un exilio
en mi propia tierra
al ver en todos lados
la sombra de tu ausencia

¿puedes creerlo?
de mis ojos negros
se apagaron las linternas
cuando encerré lo nuestro
en algún lugar de mi pecho

en un rincón oscuro
mi sentido de pertenencia
me obligó a quedarme
esperando que vuelvas

¿puedes creerlo?
eras un zumbido constante
que un día se detuvo
y me hizo extrañar el antes
que logró encendernos

mientras tanto
solo ruego que vuelvas
¿puedes creerlo?

—Hades a Perséfone

«Mi Core, la que lleva la muerte, Perséfone», susurró Hades al oído de su reina, justo antes que esta fuera al encuentro de su madre, Deméter, siguiendo las condiciones de Zeus de dividir su estadía seis meses al año. «Yo, que desconocía lo que era el amor, ahora conozco el sentimiento de extrañarte cada vez que vuelves a la tierra. Entendí que el amor no se elige, pues fue el amor el que me eligió con tus manos».

cuando te sientes insuficiente

he pensado que más tarde puedo irme

si ya estoy sola, no cambiarán mucho las cosas
tú también te irás de cualquier forma
él también se irá y ella también

no quedará una estrella que firme
el firmamento de cuerpos abandonados
de almas perdidas sin brillo
que lo hacen ver todo tan negro

tus silencios también serán callados
tus palabras también serán robadas
nuestros errores olvidados, repetidos

todo es real pero nada es real
si dejo de pensar en el hecho de que existo

si ya estoy sola, no cambiarán mucho las cosas
tú también existes, y todos existimos
hasta que se apague la luz
y volvamos a quedarnos ciegos
estirando los brazos hacia adelante
arrastrando los pies hacia atrás
buscando aquel contacto humano
que nos anime a quedarnos

aunque sea un rato más

¿CUÁNDO VAS
A PERDONARTE?

cuando no te sientes como tú mismo

nueve años de mala suerte
por no aprender a ver
mis esquinas rotas
y desaprender a querer
la sonrisa que me daba vida
y por no querer ser reflejo
de la oscuridad que esperaba
que no me hiciera pedazos

feo espejo sin marco,
¿se puede ser tan miserable
y ser la más fuerte del reino
para que nadie se alarme
llorar abrazada a la almohada
y gritar incomprensión
en silencio
para evitar más abrazos?

Noche, mejor no te muestres
si todavía puedo verme
y ya sé la respuesta

—la belleza de Nyx

QUIERO APRENDER
DE LA LUNA A
SENTIRME LLENA

cuando extrañas mucho a alguien

pesa tanto tu recuerdo;
absorbes toda mi energía
cuando apareces en mis sueños

me envuelves en tus brazos y,
por un momento,
por tan solo un momento,
dejo de extrañarte
—no puedo extrañarte
si te tengo—

pesa tanto tu recuerdo;
saber que no es real
el verbo «estar»
cuando despierto

la soledad que me dejaste
como única herencia
quiere bailar con mi tristeza
pero aquí todo está en silencio

no sé cuánto aguantaré este peso
—esta pesadilla—
pellizcarme hasta descubrir
que lo único que persiste real
es la saudade que siento
y que no sé
cómo dejar de sentir

—Eurídice a Orfeo

«Hagamos un trato», propuso Perséfone, conmovida por la música de Orfeo cuando vino a rescatar a su esposa de la muerte. «Puedes llevar a tu amada Eurídice a tu mundo, pero con una condición: no puedes darte la vuelta para contemplarla hasta que los rayos del sol hayan acariciado a tu amada. Si no obedeces, ella morirá de nuevo y la perderás para siempre». Al final, Orfeo no pudo contenerse y volteó ilusionado para mirar a su esposa, dándose cuenta de que ella aún tenía un pie en el Inframundo. Así, su figura desapareció ante sus ojos.

cuando la situación
está fuera de tu control

triste brújula oxidada,
muéstrame el camino
para no perder mi cabeza
por lo que tuve la certeza
de que podía llegar a suceder

enséñame el secreto divino
para sobrellevar la pesadez
que me ata a mi cama;
una excusa perfecta
que explique el motivo
de mis repetidos fracasos
si no es mi habilidad
para tomar malas decisiones

triste brújula oxidada,
señalas que lo que debe ser, será
pero simplemente ya estoy cansada
de no ser más que lo que he temido

guíame, y dime que puedes
cambiar el sentido de mi norte
y evitar que contenga el llanto
arrodillada en la tumba
de mis prospectos fallidos

—el viaje de Hermes

¿CÓMO SÉ SI YA ESTOY
EN EL CAMINO
CORRECTO?

cuando quieres escapar

dicen que el beso de la muerte es frío
pero el néctar en sus labios ha quemado
y ha prendido un vacío, dentro, mío
que no conocí cuando nevaba

Tánatos quiere jugar conmigo
desea que me arroje allí a sus brazos;
para qué sufrir si no es debido
si el calor que corre por mis venas
pudiera disiparse al otro lado
no seguiría temblando mi alma
ante el eterno desconocido
que espera besarme sin permiso
cuando me queda tanto
por vivir conmigo

es la compañía que preciso
la vida me acaricia los labios
cuando me doy la vuelta

y vivo
vivo
vivo

cuando estás fingiendo estar bien

una estrella apagada
duerme en mi cielo
y late en mi pecho

una estrella apagada
esconde mis males
desordena mi lecho

viene a buscarme
cuando ya no brilla
cuando yo soy brillo
pero no ilumino
todo lo bueno
que puedo compartir

puedo olvidarme
de todo lo malo
si encuentro la luz
muy dentro de mí

la estrella apagada
no brilla por fuera
pero cómo arde
cuando no finge
que puede ser feliz

y simplemente lo es

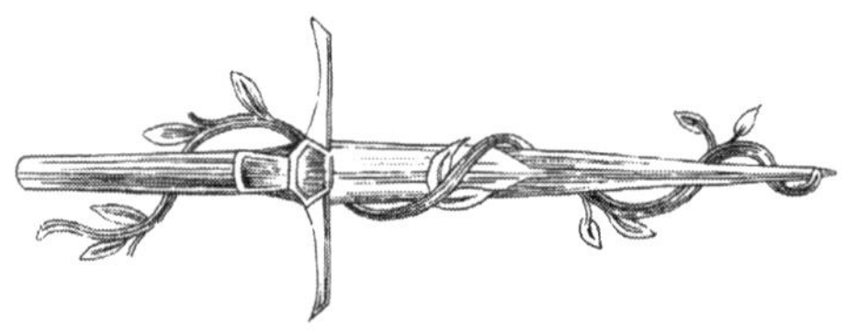

ESTA ES LA PARTE
EN LA QUE TE RECONCILIAS
CON TUS CICATRICES

quinta musa:
LA GUERRA

cuando estás luchando por
decirle a alguien lo que sientes

me pregunto:
si me has jurado amor
¿por qué no puedo
conformarme?

¿por qué extraño
una carencia inexistente
como a quien le duele
lo que tiene
de tanto pensar
en lo que falta?

¿por qué cambiar
algo que funciona?

¿por qué cambiar
si así me quieres?

¿por qué cambiar
si solo es una excusa
para perderte?

me trago mis palabras,
saben a hierro:
se ha oxidado todo mi miedo
a salir de lo conocido

—Ares a Afrodita

«Nunca lograré entenderte», vociferó la diosa del amor al dios de la guerra. «Nos amamos, nos alejamos, volvemos a encontrarnos. Sigues sin entender que el amor siempre ha sido más letal que tus campos de batalla. Que tu amor intermitente es a mi pecho, hoy en día, una herida de bala. Que en esta guerra perdemos los dos». Los amantes no dedicaron mucho empeño a cumplir la promesa de evitarse, pues su amor escandaloso se consolidó.

cuando no sabes lo que estás haciendo con tu vida

me temo que nunca seré capaz
de salir del laberinto que he construido
con mis comentarios nunca expresados
y el brote de mis deseos perdidos
por miedo a herir a los demás
o a afectar su percepción de mí misma

no hay hilo que me guíe hasta la salida
de la confusión que sin querer he creado
con los muros que se levantan muy altos
para separar a mi corazón de mi mente
y complacer a los que me hacen daño

acumulo todo lo que me callo
al quedarme encerrada con un minotauro
—la voz de mi mente luchando
por ser escuchada algún día—

—el laberinto de Dédalo

¿CÓMO ESCAPO DEL
SENTIMIENTO DE NO
LLEGAR A NINGÚN LADO?

cuando debes tomar una decisión difícil

te elegí
quiero que sepas que te elegí:

fue tu ofrenda renaciente
una promesa de esperanza
un símbolo superviviente
vencedor de mi confianza

me gané el derecho al voto
y te elegí
para colmar de vida mis valles
para derrotar las conformidades
que mi presente demanda

te escogí
y por mi voz fui castigada
al no servir de nada
querer sin valer lo suficiente
para elegir mi propio mañana

en esta batalla de intereses
¿quién protege mi destino?
¿adónde iré, si no hay camino?

solo intento predecir
de qué lado saldrá el sol
mañana, mi propio mañana
¿no debería ser mío?

—el olivo de Atenea

«Este olivo les dará fruto y aceite por centenares de años», prometió Atenea, quien competía contra Poseidón porque ambos deseaban ser el dios protector de la ciudad de Atenas. Al final, los atenienses prefirieron el regalo de la diosa de la guerra, en vez del manantial salado del dios del mar. «Pero les advierto: no podré ofrecerles lo que está fuera de mis manos», se lamentó cuando supo que Poseidón estaba provocando una monstruosa inundación en toda la ciudad. Zeus, para detenerlo, tuvo que concederle a su hermano que castigara a las mujeres privándoles del derecho al voto.

cuando te hacen sentir menos

debo rogarte que me salves
de estas voces incrustadas;
de los terribles monstruos
que has dejado entrar

sálvame, que yo no puedo
tengo las manos atadas;
lucho contra sus prejuicios
en un intento de escapar

de todo lo que no entiendo
lo que juran que es mi vicio;
por creer lo que me has dicho
me pierdo, y no regreso

a las bestias en mi mente
sin querer les di cobijo:
cuando gritaron tantas veces
que nunca seré suficiente

y yo me lo he creído

EN MI GUERRA
NO SOBREVIVIÓ
NINGÚN ESPEJO

cuando te sucede algo injusto

la justicia griega
que viene a juzgarme
en la carne viva
de mis problemas
por tus pecados
en mi cuerpo;
hoy soy herida
que no cicatriza
ni puede arrancarse
como vestido virgen
o triste trofeo
que te enorgullece;
soy herida
duelo cuando lucho
pero lucho porque duele
ver tu culpa derretida
invisible ante los otros
la suciedad en tus acciones
la intensidad en mis reacciones;
soy herida
castigada por mis dones
convertida en un monstruo
que solía bailar
sin temer ver su reflejo
retorcida en dolores
de justicia escondida

—Medusa a Poseidón

UN GRUPO DE MEDUSAS
CASTIGADAS POR EL PECADO
DEL QUE FUIMOS VÍCTIMAS

cuando te enamoras de alguien que está enamorado de alguien más

aquí estoy:
paralizada
no puedo moverme
no puedo acercarme
estoy casi-enterrada
en el miedo al rechazo
que tu mirada me ofrece

una rosa petrificada
que se imagina lo peor
cuando no ha sucedido
absolutamente nada
pero un terror descubrirlo
sin ser correspondido
o sentirme humillada

no puedo moverme
no puedo acercarme
estoy casi-enterrada
por el casi-algo
el casi-todo
que sigue mirándome
y congelándome
en mis intenciones

¿MI SOLEDAD
ES UN ARMA
O UN ESCUDO?

cuando una relación
no salió como esperabas

tus ojos exploran
mi alma al descubierto

la caja de Pandora
sin querer has abierto
dejando en el fondo
mi esperanza olvidada

me hago pedazos
para mantenerte completo

me rompo, me quiebro
al no expresar lo que siento
para evitar ser llamada
«desesperada»

es sellado el destino
de un amor pasajero
—que a mí me pasó
y que tú pasaste de él—

desnudos mis brazos
al verte de lejos
con tus memorias
                    aún,
        en mí,
                clavadas

Y AHÍ ESTABAS,
DESATANDO EL CAOS
EN MI VIDA

cuando te persigue su recuerdo

será más difícil quedarme
ver tu fantasma en los pasillos
descubrir un error en mi rutina
en el suelo que antes pisabas
sentir tu ausencia como un vacío
mover los muebles de sitio
como una amnesia prolongada
por querer olvidar que no estás
allí donde quiero que vivas
en el recuerdo que me devolvía
el color en el rostro sin luces
pero me caigo de bruces
en la nostalgia que no contaba
que se iría a vivir conmigo
cuando abandonaras mi pecho
y contigo cayera mi techo
en la soledad que me pertenecía
robando(me) con tu partida
mi monotonía preciosa

hoy,
    caos,
sin tus voces

—Galatea a Acis

«Nadie podrá despertar la fuerza consumidora de mi pasión. Al menos no de esa manera. No como tú», prometió Galatea, quien solo tenía corazón para el pastor Acis. Una tarde, reposando junto al mar con su amado, el cíclope Polifemo notó su presencia. Lleno de celos, arrancó una piedra gigante de la ladera del monte Etna y la lanzó hacia Acis, aplastándolo de manera letal. Galatea entonces convirtió la sangre de su amante en un río, el río que lleva su nombre en recuerdo del amor que se tuvieron.

cuando descubres que eres
la segunda opción

tres puntos conocidos
jugando a desconocerse
por la bendita discordia
de jugar con mis latidos
al hacerles creer que tu nido
no es deseado por otras

un corazón acelerado
que conocía tu nombre
y ahora tiembla de frío
al ver tu dulce manzana
ir de mano en mano
entre amantes del lío

me he convertido en un plato
de segunda mesa
al desear tu paréntesis
encerrarme contigo
en el cuento que inventaste

pero hoy soy rima y sentido
de saber lo que valgo
y lo que habré permitido
que no vuelva a pasar

—la manzana de la discordia

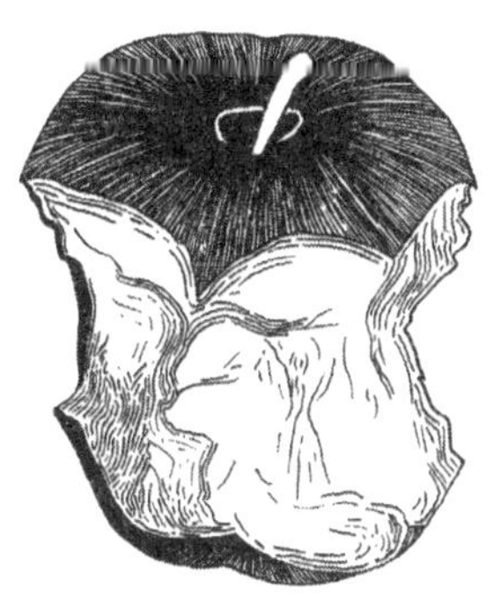

TU PROPIA DISCORDIA
TE LASTIMARÁ
CUANDO ME PIERDAS

cuando decides alejarte de quien te hace daño

¿cómo puedo prepararme
para la difícil misión
de aprender sin guías
a vivir sin ti?

¿cómo saldrá ileso
mi corazón travieso
convocado a la guerra
al verte partir?

verte partir
pero dejar de verte
sentirte lejos
pero dejar de sentirte
porque nadie puede
ganarle al hecho
de que no estás

ya no estás aquí

mas yo permanezco
y cargo tu recuerdo
como herida en el pecho
eres mi eterna cicatriz

—Menelao a Helena

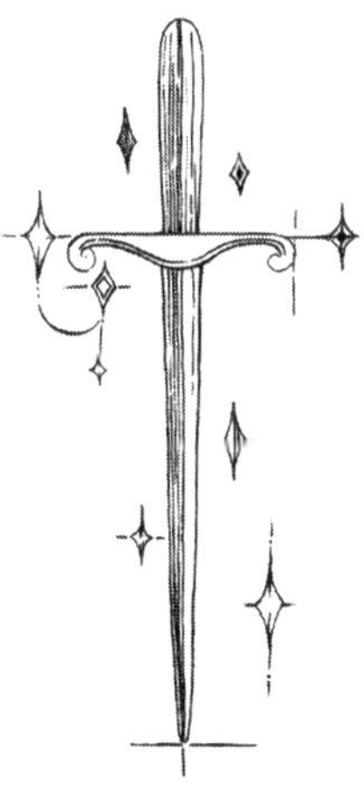

«Me dejaste entre la espada y el muro que alzaste entre nosotros», Menelao se reencontró con los ojos de Helena después de mucho tiempo, tras haber ido a la guerra en su búsqueda. «¿Por qué mi corazón quiere salir de mi pecho ahora que vuelvo a escuchar tu voz? Ahora que vuelves manchada de traición con el perfume de otros hombres. ¿Por qué debo perdonarte, cuando he aprendido a conformarme, pero vuelve a llamarme la idea de una vida a tu lado?». A pesar de que había desenvainado su espada con la intención de asesinarla, quedó deslumbrado nuevamente por su belleza y la perdonó.

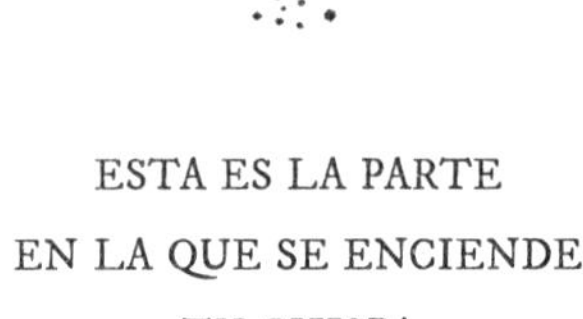

ESTA ES LA PARTE
EN LA QUE SE ENCIENDE
TU CHISPA

sexta musa:
EL FUEGO

cuando alguien se convierte
en tu debilidad

vengo a decirte con versos
que aunque no te merezco
construiría un puente que una
nuestras pieles desnudas
en contra de las leyes del tiempo

te forjaría un amor inoxidable
y un escudo formidable
que te proteja del viento

que quiera llevarse tus rizos
y tus piernas muy lejos
del camino que tengo
pensado
para nosotros

—Hefesto a Afrodita

«Sé que no puedo obligarte a quererme», Hefesto miró a los ojos de su esposa, la mismísima diosa de la belleza. «Sé que no soy todo lo que esperas, pero aspiro ser lo que mereces: un amor real, más allá de tu cuerpo, que hable tu mismo lenguaje». Para demostrar cuánto la amaba y hacerla feliz, el dios no paraba de agasajar a Afrodita con preciosos regalos que él mismo forjaba. Pero siendo un matrimonio arreglado de dos seres tan diferentes, la diosa nunca le correspondió.

cuando minimizan lo que sientes

tú,
que ignoraste la profundidad de nuestro vínculo,
¿despertarías el volcán dormido
de disculpas que anhelan mis oídos
recibir del suspiro de tu boca?

¿sacudirías los hombros
de un amor que me consume
para ser recordatorio de vida?
la vida que se me escapa,
la vida,
esa cristalina escarcha que abrasa el aire
que grita tu nombre en mis entrañas

tú,
que volviste del inframundo de mi pecho
que recibiste el castigo del olvido
con los brazos abiertos
ante la muerte que se te escapa,
la muerte,
que recorre tus ojos como lava
cuando imaginas mi cuerpo yaciendo contigo

pero no,
no despertarías a este Etna dormido
pues fue la ilusión
la que tomó posesión de mis entrañas

ESTO QUE SIENTO
NO SE PUEDE
EXTINGUIR

cuando sigues buscando el amor aunque te hayan roto el corazón

de haberte entregado mi llama
toda la chispa que me atravesaba
se esfumaría con la vida

mis secretos, mis deseos, mis pesares,
que de luces se alimentan más que nada;
quisiera ser más que alguien para alguien
—algo más que vulnerabilidad escondida—

es allí cuando mi miedo arde
cuando por odio no me inmutaría

en cambio, aquí estoy, aquí te amo
estoy muerta de miedo por mi recaída
tras caer en mi fragilidad temida
al sentir tu pulso calentando
la llama que de haberte entregado
te daría el poder de destruirme
o de quemar todo en lo que creía

por ti, vuelvo a meter la mano
en el mismo fuego
que me convertirá en cenizas

—Aretusa a Alfeo

«Mi miedo me pone los pies en la tierra para admitir mi debilidad», confesó la ninfa Aretusa, una cazadora del séquito de Artemisa que había prometido permanecer virgen el resto de su vida. «Soy débil cada vez que pienso en ti, cada vez que imagino un escenario contigo, cada vez que escucho tu voz proveniente del río. Tú, Alfeo, que sabes muy bien cazar, no salgas en búsqueda de un amor que tanto me ha costado guardar bajo llave».

cuando ocultas tus emociones
para que nadie las vea (ni siquiera tú)

¡qué sorpresa este encuentro!

los sentimientos que trataba de evitar
me han seguido hasta casa
quieren engancharse a mi pelo
se han vuelto ceniza e hilo
cosidos a mi indiferencia
—si no los veo,
no los siento,
no los sigo—
existo porque les huyo
sobrevivo por mi fortaleza
de arrastrar mis pies
por todo el camino
con sus garras hambrientas
de mi atención
queriendo bloquear
mis intuiciones

viles y banales emociones,
no me hagan volver a enfrentarles
cuando aún no sé
cómo me he sentido
—me da miedo saberlo,
me da miedo adoptarlos,
y nunca más quitármelos de encima—

cuando no tienes ganas de hablar

ahora entiendo:
tus ojos siempre fueron el problema

nunca pudiste permitirte
ver algo que no fuera
el techo sucio de tu espera

una comprensión que no llegó
sin quemarse antes en la hoguera
junto a la sensibilidad que te restaba

ahora entiendo:
te cerraste antes de que pudiera
extender mis brazos en tu ayuda
para salvar lo que quedaba de ti
cuando tu realidad no es lo que era
aquella época en la que preferías dormir
para apagar tu mente testaruda

¿de verdad estás segura
de que tus ojos eran el problema?
¿juras que no fueron capaces
de encontrar la salida a tus dilemas?

¿en serio preferiste
quemar una posibilidad
antes que hacer real tu tristeza
invitando a tu mundo a quien quieres
después de enterrar tus silencios?

¿qué es lo que te daba tanto miedo?
¿el dolor que podría causarte al abrirte,
o el dolor que podría encontrar
al quedarme?

ahora entiendo:
entiendo que preferiste cuidarme
y dejarme vivir en la paz de mi mundo

antes que darme batalla
preferiste regalarme un escudo
con tal de no invitarme a tu incendio

—Hipómenes a Atalanta

«¿Qué me hiciste para que te anhele de esta forma?», preguntó Hipómenes a la cazadora Atalanta, quien solo aceptaría casarse con aquel que lograra vencerla en una carrera. «Tú, que desafías a muerte a quien quiera vencerte para pedir tu mano, ¿alguna vez pensaste que la mejor forma de perder sería amar? Desde que te conocí, una llama de amor vive con fuerza inusitada en mi pecho. Tú, como mi esposa, eres mi único anhelo». Y así, con la ayuda de Afrodita, Hipómenes consiguió vencer la carrera y ganar el corazón de la cazadora.

cuando te sientes estancado

¿quién llorará por el niño?
no tiene un hogar al que volver
ni un fuego que caliente sus paredes;
no tiene nombre

y quiere ser hombre
pero no puede levantarse
sin la ayuda de otros

no puede ver el cielo
sin ojos que no sean tristes

no puede arrastrar una piedra
sin romperse los dedos

solo conoce el desprecio
y desconoce el precio
de sus consecuencias
al verse condenado a un trabajo
atado a una vida sin propósito
castigado por el conocimiento
de saberse estancado

y no poder hacer nada

viendo de lejos
el futuro que se ha ido
al darlo por sentado

—el castigo de Sísifo

«¿Quién superará mi castigo? ¿Es que acaso tú también estás condenado a repetir malas decisiones y esperar un resultado diferente?». Sísifo ya estaba cansado, pero no podía ser de otra forma. Después de haber engañado a los dioses en numerosas oportunidades, fue obligado a empujar una piedra enorme cuesta arriba por una ladera empinada, pero antes de que alcanzara la cima, la piedra siempre rodaba hacia abajo. Por ello tenía que empezar de nuevo sin descanso, una y otra vez.

cuando te sientes incomprendido

ni siquiera sé
cómo explicarlo,
ni siquiera sé cómo
concebir palabras

un sentimiento en vano
doy por hecho:
nada se asemeja
a la ebullición
en mi pecho

ni siquiera sé
cómo explicarlo,
mi lengua no traduce
cuando la angustia acecha

hierve, quema, arde
la ausencia de detalles
porque no puedo lograr
que lo entiendas

puedo decirte que sufro
porque no tienes
la obligación de ayudarme

pero cómo me gustaría
que lo hicieras

—el don de Casandra

«Mi maldición es peor que la muerte, porque estoy viva e impotente ante la posibilidad de ayudar al mundo», se lamentó Casandra, condenada por el dios Apolo a profetizar el futuro sin que nadie creyera sus visiones. Así, a pesar de sus desesperados intentos, nadie le prestó atención cuando predijo el engaño del caballo de Troya, la muerte de Agamenón o su propia desgracia.

cuando tu amor
no es correspondido

¿de que me sirvió soñar?
si quemaste mis alas

¿de que me sirvió amar?
si se esfumaron las ganas
que tenía por ti
por un nosotros posible

fuiste el sol que yo amaba
y que seguía presente
en mis noches apagadas
con la certeza de que fuiste
el sol que necesitaba
y que fue mi perdición

¿dejas de creer en la luna
cuando sale el sol?

sigo creyendo en tu amor
cuando estoy cayendo
si tus brazos me salvan
no seguiré ardiendo
pero hoy soy cenizas
de momentos perdidos
porque ardió
mi ilusión

—la caída de Ícaro

COMO ÍCARO,
VOLÉ POR MI AMOR
Y CAÍ POR LA AUSENCIA
DEL TUYO

cuando tu relación no está funcionando

no quiero quererte:
nace una intención
de olvidar tu rostro

no quiero tenerte:
amor dependiente
fácil hiere mi alma

no quiero asumirte
ni acostumbrarme
al peso de tu mano

no quiero escucharte
ni volver a querernos
después del daño
que quemó mi calma

no quiero quererte:
amor masoquista
derrite el estaño
de esta cárcel vencida
que protege mi pecho
de aquel amor terco
que late inevitable

—Artemisa a Orión

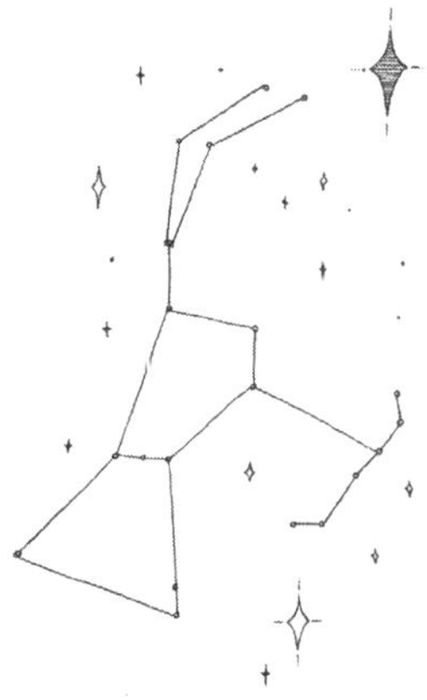

«Amarte nunca estuvo en mis planes», admitió la diosa Artemisa, observando la constelación de Orión en el cielo nocturno. «Conocerte fue derretirme vulnerable ante una despedida que inevitablemente llegaría. Por culpa de mi hermano tuvo que ser más pronto que tarde, siendo mi propia flecha la que acabaría con tu vida...». Después de muchos días llorando su partida, Artemisa elevó el cuerpo del cazador y el de su perro al cielo estrellado, convertidos en la constelación de Orión y en la estrella Sirio.

cuando te aterra la posibilidad de perder a esa persona

el calor solo es calor si es sensible
y yo te siento

te siento libre en mis sentidos
atravesando el Estigia en mis venas
para alojarte en mi alma, invisible,
calcinando con tus manos mis penas

fue el fuego que Prometeo robó
el que humanizó nuestra espera
y yo te espero
te espero en mi vida, perenne
en cada paso, tu estela

hoy me siento humano por ti
por desear que valga la pena
desafiar a los dioses inmortales
por un roce que guarde tu esencia

me consume el constante pensamiento
de la mortalidad de lo nuestro

el calor solo es calor si es sensible
si mi mundo arde inextingible
es porque, habitante de mi alma,
en mi locura y en mi calma
yo te siento

«Coge este tallo», insistió Prometeo al primer hombre que encontró en su camino tras huir del Olimpo con el mayor secreto de los dioses entre sus manos. «Eso que arde es el fuego, ahora es tuyo para calentarte y ganarte la vida. Tal vez algún día escribirás versos sobre ello, o en el mejor de los casos aprenderás a calcinar todos tus pesares». Él quería que los humanos pudieran valerse por sí mismos; pero Zeus, enfurecido ante su engaño, decidió castigarle y condenar a la humanidad.

ESTA ES LA PARTE
EN LA QUE APRENDES
A AMAR TUS ESPINAS

séptima musa:
LA TIERRA

cuando anhelas su amor

ojalá pudieras verme
con los mismos ojos que sonríen
ante su propio reflejo en el lago

ojalá pudieras escucharme,
Narciso, y responder al eco
que se arrastra por mi garganta

una necesidad de sentirme querida
y convertir estas flores en manta
para que sean testigos
de un amor sin escrúpulos
que sobrevive al peor de los robos:
la ilusión de conjugarte conmigo
en un presente alejado del mundo

pero hoy eres tú una flor,
Narciso, por no dar oídos
a mis súplicas incansables

me he cansado de esperar
la voz de tu respuesta a mis plegarias
te quiero, te quier... te quieres
te quieres, no... no me quieres

y no puedo hacer nada
para cambiarlo

—Eco a Narciso

«Te llamé hasta el cansancio, pero el bosque me devolvía tu nombre», pensó la ninfa Eco, quien fue condenada a repetir el final de las frases que escuchara. «Te llamé con todas mis fuerzas, Narciso, para que levantaras la mirada, para que me quisieras, pero ya no te siento. No tengo que buscarte porque mi alma sintió tu ausencia primero». La diosa de la venganza hizo que Narciso se enamorara de su propia imagen reflejada en el agua, consumiéndose en un amor hacia sí mismo hasta su último aliento. Una flor de narciso, que lleva su nombre desde entonces, allí creció.

cuando no te sientes a gusto con tu cuerpo

si fuera yo un narciso
si hallara en mi belleza
la luz que yo querría
sería gran proeza
salir de este castillo
flotando en ríos tenues

si fuera yo un narciso
si amara mi reflejo
dejaría de arrancarme
los cabellos en el piso
cuando el árbol viejo
sabría que no sé amarme

pero no puedo ser narciso
no he aprendido a valorarme
no puedo comportarme
con tal gracia sin permiso
no puedo enamorarme
de un reflejo sin sonrisa
no puedo despertarme
sin añorar las prisas
de una flor sin competencia
bella por delicadeza
y sin necesidad de oírlo
en reflejos ignorantes

COMO NARCISO EN EL LAGO,
QUISIERA QUE MI REFLEJO
ME DEVOLVIERA LA SONRISA

cuando necesitas un cambio

¿no te duelen los huesos
cuando te quedas en el sitio
que te ha visto crecer
pero no madurar
como sientes que debes?

¿no sientes que debes
cortar las raíces
que sostienen tus tobillos
y presionan las ganas
que tienes por vivir?

serás tú la flora
la enredadera de sueños
que luchan por ser alcanzados
en la floresta podrida
que te ha servido de hogar

un espiral de oraciones
cada vez que amanece
y ruegas que tus manos
te puedan regar
hasta ser como quieres

—el hogar de Hestia

NO PODEMOS PARARNOS
EN NUESTRAS RAÍCES
PARA SIEMPRE

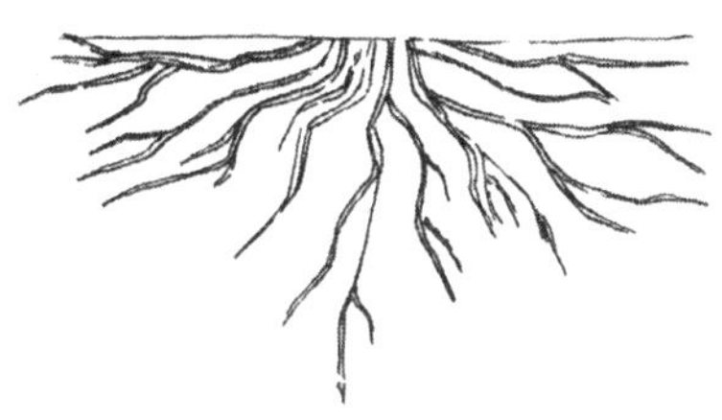

cuando extrañas a tu madre

la primavera duerme en la tierra
hasta llegar a los brazos de mi madre

corre el viento frío en las praderas
que con la soledad hace alarde
de cuánto extraño sembrar junto a ella
las tardes de risas y los días sin hambre
sembrando memorias amenas
y cosechando el amor por las tardes
del desinterés de su vientre
que una vez fue mi techo y mi sangre
corriendo del mismo corazón fértil
que pinta las hojas de los árboles
de un verde-vida-esperanza

y aunque deba sufrir de añoranza
por crecer lejos de su mirada
brotan tallos del suelo estos días
con mi promesa de visitarla
hasta volver a regar buenos tiempos
en la tierra que es su morada
volverán cantando las aves migrantes
despertando a la primavera dormida
porque una hija vestida de negro
finalmente se reúne con su madre

—Perséfone a Deméter

«Decir que te extraño no te haría justicia», Perséfone soltó otra lágrima. Zeus había declarado que, por haber comido seis semillas de granada en el Inframundo, la diosa debía pasar seis meses con su esposo Hades en el reino oscuro, y los otros seis meses en la tierra con su madre. Es por esto que cuando Perséfone desciende, Deméter no permite que crezcan flores ni frutos en los campos mientras espera ansiosamente el regreso de su hija. En cambio, cuando ella asciende y está en compañía de su madre, llega la primavera.

cuando quieres a alguien que nunca podrás tener

¿con qué ímpetu tendría
que haberte soñado?

este corazón que habita cansado
me mantiene en vela escribiendo
sobre bosques que nunca he pisado

Morfeo se ríe de mis ojos secos

es la noche, mi carencia,
es mi mundo

vine a luchar contra la naturaleza
—mi naturaleza de seguirte queriendo—
mientras me aferro al deseo profundo
que derrama en ti mi paciencia

¿con qué ímpetu tendría
que haberte soñado?

para que dejaras un beso escondido
esperando encontrarme en tu pecho
un labial de laurel yo no pido
más que el latido de tu presencia

en la noche, mi carencia,
mi mundo
me mantiene(s) en vela
escribiendo

pero no estás,
solo está tu ausencia

pero no estás,
ni siquiera en mis sueños

—Apolo a Dafne

cuando decides
que es mejor distanciarte

voy a soltar la rosa
y desenterraré las espinas
que coleccionaba
en las yemas de mis dedos
por amores no correspondidos
y amistades de ocasión

terminará el baile de máscaras
y saldré a tomar el aire
me tropezaré entre rosales
de interés ajeno de cariño

en mis heridas de nacimiento
mañana caerán nuevas semillas
para dejar de forzar lo que no vuelve
de la misma manera a mis manos

—ni relaciones ni gente ni lazos
que aprendí que no necesito—

A VECES
TAMBIÉN OLVIDO
CUÁNDO PARAR
DE REGAR LAS FLORES

cuando el amor
te hace vulnerable

al final no es culpa tuya
que yo te necesite
como la flor, la tierra

al final no es culpa tuya
que me falte el aliento
cuando no te vea

al final no es culpa tuya:
la razón no se inmuta
para quien no espera

la razón nunca gana
si la pasión acumulada
se escabulle en tus hebras

me aferro a una esperanza
de ser necesitada...
que se deshace en mis yemas

—Deméter a Yasión

«Si no fueras necesario, no hubieras sucedido», reconoció Deméter ante su amado Yasión, cediendo a los impulsos de su corazón. «Cuando nos conocimos en la boda de tu hermana, sentí una corriente como enredaderas en mi pecho, como un beso del otoño que permaneció mucho más tiempo: la semilla que compartimos me enseña que merezco más que un amor basado en el miedo».

cuando pierdes a un ser querido

iré a sembrar las noches que nos hemos perdido
y a recuperar los años que nos han robado
con la excusa de un amor predestinado
que ha envuelto, en sequía, al pecho mío

sé que ninguna eternidad será suficiente
para tenerte en brazos y acariciar tu espalda
—un minuto sabe a poco,
ramo breve, tallo hiriente;
hoja perdida, pétalo injusto,
sabe a nada—

si esta distancia ata el nudo de mi fuerza
desde tu cielo serás testigo de mi tristeza
y de mi calma cuando sople tu bienestar
y tu protección ante los males de esta tierra

serás mi aliento,
te veré en el viento

en la tierra mojada
en el petricor de mis tardes
en el color de las hojas
y en mis pensamientos
hasta volvernos a encontrar

—Deméter a Perséfone

«Sacudí cielo y tierra en tu búsqueda», Deméter besó la frente de su hija cuando se reencontraron después de haber sido secuestrada por Hades. «No malentiendas mi sobreprotección cuando el orgullo se posa en mi abrazo: de mi vida eres lo más preciado, tu dolor me duele como propio, solo quiero saber que estás bien y cosechar un buen tiempo ahora que vuelves a mi lado».

cuando no puedes dejar de pensar en alguien

tonta flor que en mí escondía
ignorante del poder de tu atención

un retoño sobreprotegido
que ha florecido con tu tacto
y ha dejado mi principio intacto
de ante riesgos proteger mi corazón

he soñado con tu sombra a mí pegada
he suspirado por tus manos enlazadas
con ardiente deseo de caminar a tu lado
hasta hacer del techo blanco nuestro sol

tonta flor que en mí escondía
cómo luce bajo la luz del día
y bajo el amparo de un buen
—e inesperado— amor

—Helios a Leucótoe

«Quiero arduamente y con el ardor escribo tu nombre en el cielo», el dios del sol tomó las manos de la princesa Leucótoe. Era su corazón el que hablaba, pero también la maldición que le había lanzado Afrodita como castigo por informar a Hefesto de su romance con Ares. «Por ti, por esto que siento, haré que los días de invierno sean más largos si así podré disfrutar más tiempo a tu lado. Brillará siempre el sol sobre tu cabeza y olvidarás la tristeza el resto de tus días».

ESTA ES LA PARTE EN LA QUE
VIVIRÁS PARA SIEMPRE SI UN
ESCRITOR TE CONVIERTE
EN SU MUSA

octava musa:
EL AMOR

cuando no puedes imaginarte sin esa persona

el día en el que herí mis manos
con mis propias flechas
me llevó a tu regazo;
se fue trazando un trazo
de amor nunca expuesto
de labios de ambrosía
y recompensa divina
si a tus males cazo

aunque no pueda verte
cubierta de luz del día
vengo a atesorar las noches
que contigo comparto
y a saborear la fortuna
puntual y desapercibida
del azar bienaventurado
que de todas, de todas ellas
el dios del amor de ti
se ha enamorado

—Eros a Psique

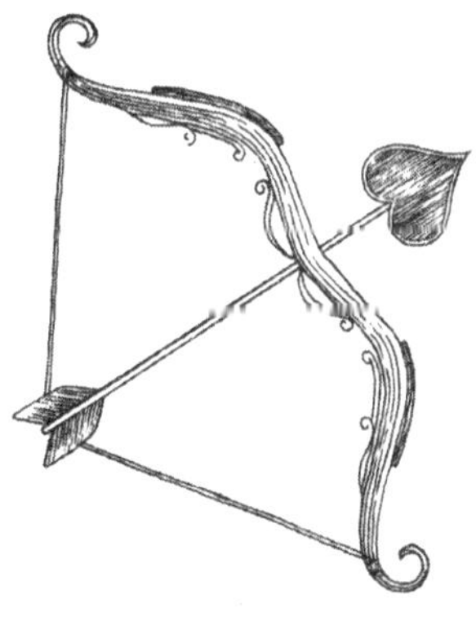

«Sostengo su mano, ella sostiene mi mundo», Eros subió al Olimpo para rogar a Zeus que le permitiese casarse con Psique aunque esta fuera mortal. «Haría lo que fuera por prometer un *para siempre* y cumplirlo; pero el mundo es cruel y el amor un sentimiento ciego, injusto, que puede convertirnos en monstruos. Por eso solo te pido una oportunidad de demostrar lo que un amor real puede cambiar». Zeus se compadeció de Eros: le otorgó la inmortalidad a la princesa, apaciguó la ira de Afrodita y ordenó su casamiento, que duraría eternamente.

cuando te quiere lo justo pero no lo suficiente

juraste cuidarme aunque ya me tuvieras
pero hoy desconozco el color de tus ojos
pese a que antes tu iris se sinceraba conmigo

valen más los versos que las acciones
cuando se trata de llamar atenciones
y no cuando al amor ya has vencido

te lo ruego:
hazme
hazme y no hables
el hecho en tu pecho hará ruido

tu corazón acelerado susurrará tus silencios
y si el temblor en tu voz hará reír a Cupido
si ha roto su flecha porque ya no me sientes
¿adónde irá el amor que nos tuvimos?

IRSE TAMBIÉN
ES UN GESTO
DE AMOR

cuando necesitas recordarle por qué siguen juntos

busco otra forma
de decirte que te quiero

te busco de nuevo
y te encuentro todo el sentido;
si tu querer nunca fue mío
es porque es nuestro

busco otra forma
de decirte que te quiero

podría escribirte
que no sé vivir sin vivir
cuando por tu distancia muero

diría que te conocí como pregunta
y hoy te adoro como verbo

que llevo un fragmento de ti
que me acompaña a todos lados
que hace imposible olvidarte
porque hace mucho
que nos pertenecemos

—*Acis a Galatea*

cuando lo ves enamorarse de otra persona

todo se ha despedido de mí
desde que abandonaste mi pecho

tenía el corazón tan,
tan, tan, tan,
tan lleno de ti

muy pronto olvidará el ritmo del tuyo
con los restos de abrazos que te llevaste;
me pregunto si por mí seguirá latiendo
la oportunidad de albergar un nuevo amor

juro que no escribo esto por despecho
—quizá lo hago para sacarme un peso—
para sacar a flote un viejo rencor
que esconde tu huella en mi sangre
impregnada en el cuerpo que amaste
y que flota cada vez que te pienso

todo se ha despedido de mí;
la soledad es un corte
que me llega a los huesos

tenía el corazón tan,
tan, tan, tan,
tan lleno de ti

me has dejado un vasto hueco
que desborda el dolor que se derrama
cuando escucho tu nombre de nuevo

se activa la memoria en mis poros
mis manos, mis labios, mi cuello,
al convertirte en un simple alguien
después de haber sido todo...
lo que se ha despedido de mí

yo no quiero dejarte
pero es un hecho,
al ver cómo la miras,
que yo ya no te tengo

—Penélope a Ulises

«¿Te parece justo el precio del dolor a cambio de amar?», preguntó Penélope a su esposo Ulises, tras esperar durante veinte años a que regresara de su viaje. «A mí me parece justo el acto de sentir amor. Cada vez que soñaba contigo, cada vez que me acosaban pretendientes, cada vez que me sacudía la posibilidad de tu muerte, me encontraba a mí misma dudando de este amor… pero esperé, nada cambió, y aquí me tienes».

cuando te cuesta admitir que le quieres

lo peor de carecer de expectativas
es el conformismo ante las sorpresas
las necesidades escondidas
los deseos a los que les cierras la puerta
para no lastimarte otra vez
para no volver a caer
en una vida destinada
a la complejidad de no querer
—pero de verdad querer—
la imposibilidad de admitir
que llegarías en forma del deseo
que no sabía que quería
ni me permitía sentir

como la brisa que hace chillar las bisagras
de una ventana abierta por accidente
como todo lo bueno que enfría
después de un desierto fingido
para evitar espejismos
por miedo a sentir
—pero de verdad sentir—
el deseo de que te quedes

—Calipso a Ulises

«En las partes de mi cuerpo que tocaste cosquillea un secreto compartido», Calipso intentó convencer a Ulises para que se quedara con ella en la isla, ofreciéndole la inmortalidad y la juventud eterna. «En medio de todo este ruido escucho tu voz en mi cabeza, se despierta mi piel al imaginar tu rostro cerca del mío. Conjuro un futuro en el que seguimos juntos, pero se embriagan mis cuerdas vocales al rogarte que te quedes cuando sé que no podré retenerte».

cuando finalmente encuentras
la paz que necesitas

no aspiro a más
que a un corazón dormido
flotando en el lago plateado
en el centro del mundo
de la paz apreciada
cuando estoy contigo

no extraño el caos
ni el miedo repentino
cuando mi corazón
daba brincos
o ardía de rabia

hoy escuchan las ninfas
mi latido apaciguado
tu voz como un canto
que protege mi techo
de un error repetido

TENÍA LA DELICADEZA

DE HACERME

SENTIR SEGURA

cuando te sientes perdidamente enamorado

¿qué clase de embrujo has lanzado
que mi norte es tu cuello
y mi sur tus pisadas?

anclada al puerto de tus cabellos
y del café de tus ojos embriagada

una taza de dulces y amargos
que festejan en mis papilas

un licor secreto en tu boca
que viene a sanar mis heridas

hoy brindo por (tu b)eso
hasta eternizar tu estadía
y poder llamarte mi amada

—Dioniso a Ariadna

«Este mundo de locos solo tiene sentido cuando te veo», confesó el dios del vino a la hermosa Ariadna. «Yo, que estoy loco por ti, descubrí en tu boca que necesitaba ser amado para sentirme pleno. No adorado, sino amado y amante, no te pareces a nadie que hubiera conocido antes porque no ves el dios en mí... porque no me necesitas, pero te quedas». Cuando Dioniso deseaba paz, siempre la encontraba al lado de su esposa Ariadna.

cuando necesitas
una razón para seguir

cuando te asalten las dudas
cuando no encuentres ayuda
vuelve a buscarme

cuando te sientas menos
abre la puerta a lo bueno
que esconde tu día

el hogar reside en tu pecho
aunque no des por hecho
que mereces amarte

que así yo te quiero
y te querrá quien merezca
un lugar en tu vida

ELIJO QUEDARME
DONDE PUEDO
SER

cuando quieres sentirte amado
sin tener que suplicar

has venido a besarme con tus rayos
a iluminar mis rincones polvorientos
a despertar mis ansias de sentirme amada

¿es mucho pedir un amor que se sienta
como un campo de flores que sirva de cama?
dorada gracias al sol que roba las razones
que me hacen sentir sola y abandonada

he venido a desear que te quedes
a pedirte que guardes la llave que mantiene
encerrada a mi versión que te quiere

y que no pretende suplicarte más nada...
como me has arropado cada noche

—*Clitia a Helios*

«Quiero un amor que no pida, un amor que ya sepa, que venga a besarme solo porque le nazca», demandó Clitia, la ninfa celosa que se fue marchitando debido a la envidia y al amor no correspondido del dios del sol. Tras espiarle diariamente sin ser comprendida, cuentan que se convirtió en girasol, la flor que sigue a su amor imposible.

ESTA ES LA PARTE
EN LA QUE DESCUBRES
QUE ERES TU PROPIA MUSA

novena musa:

LA POESÍA

cuando estás descubriendo tu voz

no, no creo;
siento intensamente
hasta desbordar certezas
le hago el amor a las dudas
hasta acabar su existencia
no, no creo;
pienso y transformo
los tendones en raíces
me levanto de tu frente
me duermo en tu calle
hago barricadas de razones
por las que no, no creo;
sé y sé que sé a locura
incomprendida por tus dedos
dormidos en mis ganas
de que sepas conmigo
que no quiero
—casi tanto como no creo—
seguir esquivando motivos
para escupir mis verdades:
el amor que has creado
en el que sé que pertenezco
cuando vuelvo a creer en mí

NUNCA PIDAS DISCULPAS
POR SER MUCHO

cuando te enamoras
de una versión que no existe

dicen que el dolor es un precio justo
a cambio de sentirte amado

pero resiste, corazón,
mi intención nunca fue hacerte daño

no le susurraste a mis oídos
al depositar un verso en mis labios,
le hablaste directamente a mi pecho
que comenzó a recitar de la mano

sujetos a un hilo invisible
que no quiso inspirar
mis poemas más tristes,
mas se fue rompiendo sin tacto
sin voz
sin perfume
con el gusto amargo

de un corazón que resiste
que demuestra que quiere rendirse
y que por su arte sigue luchando

—el arte de quedarse a tu lado—

—Pigmalión a Galatea

«¿Qué soy, sino un hombre cautivado por tus dones?», Pigmalión se dirigió a la escultura que había creado, soñando que esta estatua de una hermosa mujer llamada Galatea cobraba vida. «¿Cómo es posible que extrañe un alma que no he conocido, que extrañe la versión de mí que te anhela, cuando la ilusión de sentir la sangre correr por tus venas solo es un sueño?». Cuando despertó, Pigmalión se encontró con Afrodita, quien, conmovida por el deseo del rey, dio vida a Galatea transformándola en una mujer de carne y hueso.

cuando sientes que todos avanzan (menos tú)

qué lamentable este reflejo estancado
de la mejor versión que alguna vez he sido
tan cómodo en sus ropas desgastadas
sin pensar en lo que pudo haber vivido

¿es lamentable su sonrisa torcida?
¿o lo es estar viviendo una mentira?
derretido en la miseria de sus hábitos
por la luz que sus ojos han perdido

una lástima su carencia de memoria
y la forma en la que espanta voluntades
¿es egoísta no querer acompañantes
si es lo que día tras día ha escogido?

nuevas ropas esperan su cuerpo
anhelando sentir su piel brillante
cuando nada le siente tan elegante
como salir del hueco en el que ha caído

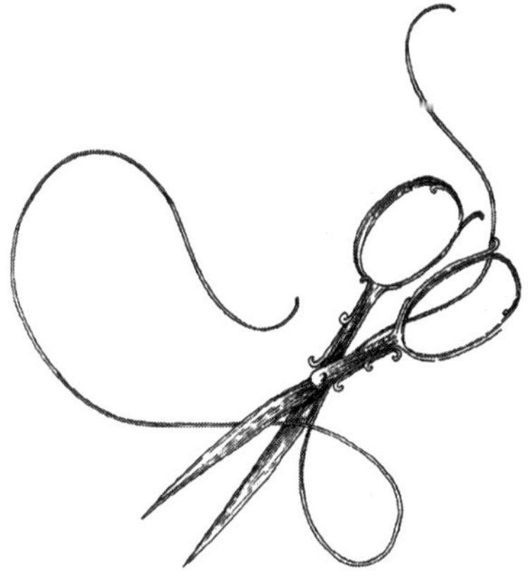

DEBO APRENDER
A SER QUIEN NECESITO
ANTES DE QUE LAS MOIRAS
CORTEN MI HILO

cuando necesitas desahogarte

escribir es desangrarme
dejar mi piel en otras manos
traducir silencios a extraños
en un intento de encontrarme

bailando en soledad
bajo el ritmo de mis penas
soy poeta o soy poema
cuando vuelvo a respirar

si la realidad roba mi aliento
la ficción me resucita
como mi sangre necesita
seguir calentando mi cuerpo

ves el papel, veo la herida
que esconden mis oraciones
cuando revivo mis dolores
y vivo por la belleza escondida

LA IDEA ES ESCRIBIR
HASTA QUE DEJE
DE DOLER

cuando a pesar de todo aún le quieres

le rezo al sabor amargo
de lo que no puedo tener

caigo sobre mis rodillas
resbalo con el deseo escondido
que sacia la sed de mis labios
que recicla suspiros en mi garganta
cada vez que invoco su nombre
y vuelve mi inconformidad arrepentida

le quiero,
sí, aún le quiero

me tienta a alcanzar lo imposible
a sacudir estas ganas reprimidas
a pedir perdón por este amor
pasado y pesado que llevo a cuestas
cada vez que sus ojos me olvidan

confieso mi pecado
de querer, querer
como le quiero;
escribir, escribir
como le escribo

aunque todo indique
que no soy correspondida

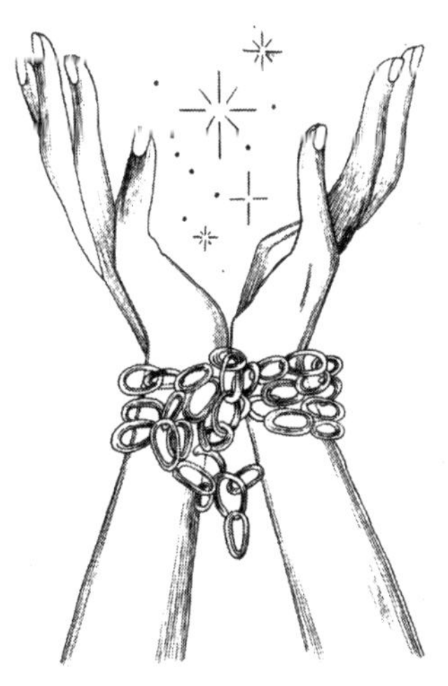

OTRA VEZ
SOY PRISIONERA
DE MIS ILUSIONES

cuando te sientes inútil

lágrimas,
siguen cayendo,
lágrimas

—no me permiten
leer lo que escribo—

todo se vuelve insignificante
cada vez que pienso en perderme
en llegar a perderte primero
sin encontrar un motivo
para haber compartido espacio

—nada es definitivo—

el miedo tranca mi circulación
se cierra mi garganta hecha llanto;
arrastro las palabras en el papel
que otra vez pierden su significado
porque todo es demasiado grande

no puedo hacerme pequeña
no puedo saber el futuro
sin echar a perder mi final esperado

si no puedo calmar tus dolores
ni detener un gramo de tu agonía
no sé qué es lo que hago
aceptando el castigo obsequiado
de verte sufrir sin poder hacer nada

al no poder cambiar tu piel por la mía
ni mi voz por tu eco exaltado

no puedo hacerme pequeña
no puedo dejarte ni mucho menos
perderte por un sufrimiento arbitrario
que no puedo controlar

—solo puedo escribir—

si algo sé hacer
en este mundo,
solo sé llorar

cuando sales con alguien en secreto

luchan mis manos
entre el deseo de esconderse
y el deseo de expresarse

es un largo camino
entre pensar dos veces
o seguir instintos tarde

entregarse a la noche
al insomnio amigo
o al sueño aprisionante

por contarlo todo
o por guardar silencio
bajo su propia llave

luchan mis manos
por hacer temblar
donde no pueden tocarte

es tu cuerpo amado
por dos manos tibias
que vuelven a buscarte

—Hero a Leandro

«Nadie podrá despertar en mí un deseo parecido, al menos no como tu existencia inspira mis pasiones», escribió Leandro en una carta dirigida a su querida Hero, antes de que los padres de ambos les prohibieran terminantemente cualquier contacto. «Mis brazos ya no son mis brazos, son parte de ti en el abrazo con el que deseo arroparte, mis pies quieren ser tu sombra para compartir camino. Enciende la luz de tu torre, que será mi guía para llegar a tu cuerpo, para sentir tu latido pegado al mío y que todo vuelva a estar bien».

cuando descubres tu fuente de inspiración

en los rincones en los que existo
el sol nunca volvió a besarme

me fui pintando pálida
casi transparente,
insisto,
incluso ante mis ojos
fui un fantasma en multitudes
y un espíritu sin voces

hija de las perfecciones
cambié de nombre y de ciudad
monté un desfile para ciegos
que no supieron apreciar
el arte en todas mis versiones
rota, entera, huí lejos
del anhelo de encajar
reinventando mi reflejo

el susurro de mi espejo
besó la luna mi semblante

dejé de afuera buscarte
y te encontré,
        musa,
            aquí dentro

QUIERO APRENDER
A VER LA VIDA
CON OJOS DE POETA

cuando te da miedo
sentirte solo

soy el presente
evanescente
de otra alma
destinada al olvido

para ser recordado
tienes que ser, ser, ser
y yo no existo
—sin tus ojos—
acariciando los versículos
que escribí con la sangre
de mis enemigos:
todos mis traumas
que pretendían
ser efímeros

hasta sanar, sanar, sanar
una corriente fragilidad
que no nos hace débiles
más de lo que nos hace
temporales

SIEMPRE VIVIRÁS
EN ESAS ALMAS
QUE TOCASTE
Y MARCASTE
CON TU TINTA

cuando intentas sanar
tu corazón roto

¿te escribo porque te quiero?
¿o por la necesidad apremiante?
de mi dolor, por tu causa, inspirarme
de mi dolor, por mi causa, me muero

no quiero intentarlo de nuevo
luchar contra el instinto del arte;
en poemas, en ruinas, atraparte
si no logro entenderte primero

destruirás la base de mis principios
caerá el cimiento que me sustenta
—si te vas, pero yo sigo escribiéndote,
si te vas, pero tus estragos se quedan—

hoy procuro tu exilio de mi mente
y me ofrece tu adiós un motivo;
sacudo el polvo de mi alegría
mi pilar, en versos libres,
escribo:

aún sin ti,
y después de ti,
yo me sostengo

NO PERMITIRÉ

QUE SEAS

MI RUINA

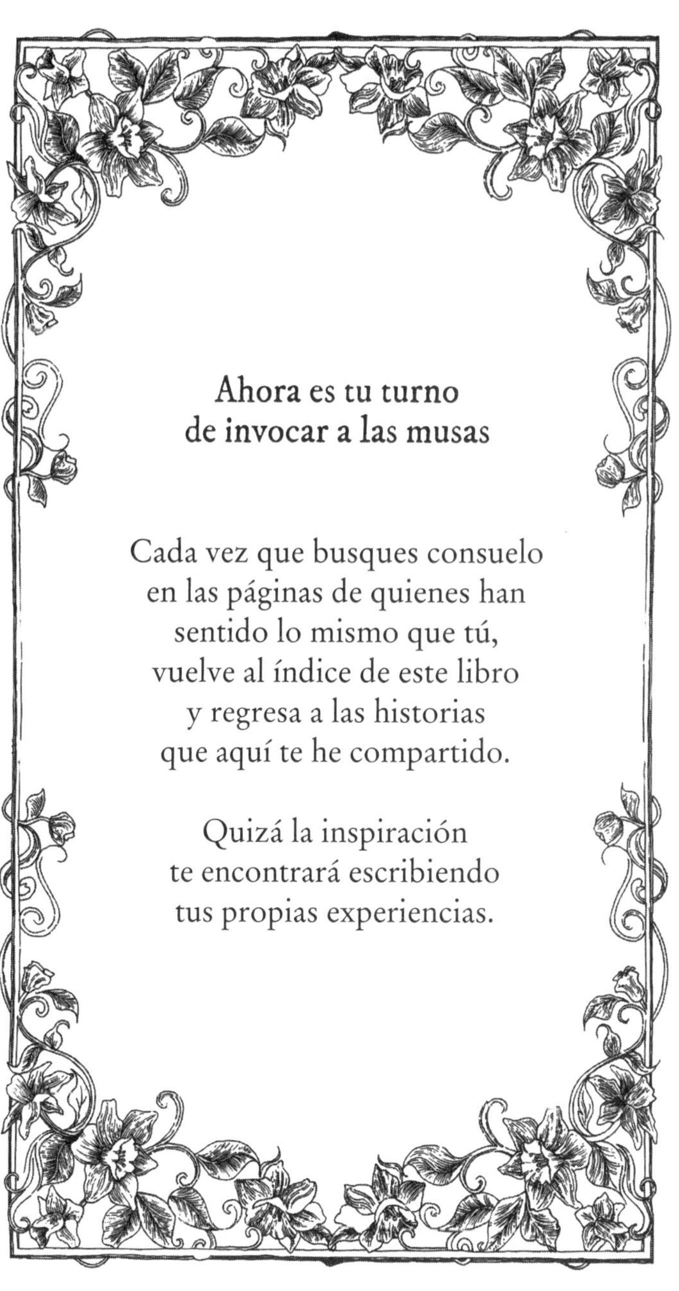

Ahora es tu turno de invocar a las musas

Cada vez que busques consuelo
en las páginas de quienes han
sentido lo mismo que tú,
vuelve al índice de este libro
y regresa a las historias
que aquí te he compartido.

Quizá la inspiración
te encontrará escribiendo
tus propias experiencias.

SOBRE LA AUTORA

Marianela Victoria Dos Santos Arena nació en Puerto Cabello, Venezuela, el 9 de septiembre del 2000. Desde temprana edad se encontró inmersa en el fascinante mundo de la lectura y la escritura, demostrando especial interés en la mitología griega, así como en la maravillosa posibilidad de contar historias a través de rimas.

A la edad de trece años, gracias al incansable apoyo de sus padres, autopublica *Pasaje a la imaginación*, una recopilación de cuentos en verso que escribió desde los nueve años. En 2020 es el turno de *Desde el pupitre del medio*, una historia corta que surgió en el 2015 en la plataforma Wattpad y, gracias a la acogida positiva de más de un millón de lecturas que la animaron a publicarla, se convirtió en su segundo libro.

Pero fue la poesía la que se alojó en su corazón y se mantuvo latiendo versos en su transición a adulta, que resultó en la recopilación de ciento ocho poemas en su libro *Lo que nunca quise escribir* (2022). Este poemario se convirtió en un éxito de ventas en Amazon, consolidando su posición como autora destacada en el género de la poesía.

En este nuevo poemario, Marianela promete mantenerse fiel a los deseos y sueños de su niña interior. Continúa perdiéndose en las historias que lee y encontrándose en sus propios pensamientos que desbordan el papel... esperando contar con las ilustraciones de su talentosa hermana en cada uno de sus próximos libros.

Sigue a la autora

Instagram @mdemarianela

TikTok @m.de.marianela

Sigue a la ilustradora

Instagram @valeria.arte

Si te interesa conocer más
sobre la mitología grecorromana,
te dejamos algunas recomendaciones
de obras que inspiraron la creación
de este libro y los mitos que en él se relatan:

Ilíada, Homero.
Odisea, Homero.
Teogonía, Hesíodo.
Arte de amar, Ovidio.
Las Metamorfosis, Ovidio.
Los mitos griegos, Robert Graves.

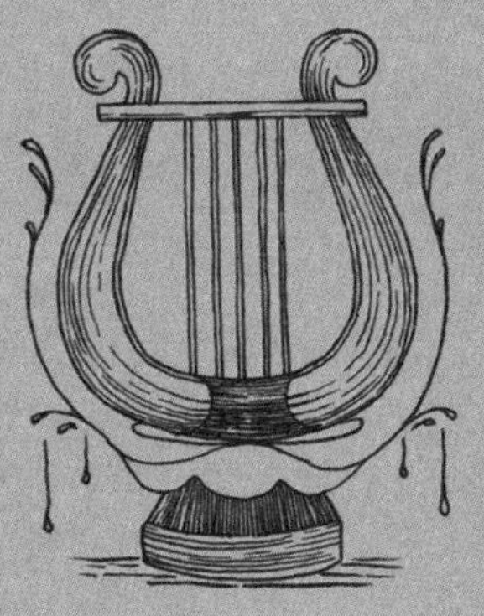